Alfred BLANCHE

ALFRED BLANCHE

Alfred BLANCHE

PRÉSIDENT DU COMITÉ CONSULTATIF

ANCIEN DIRECTEUR DE L'ÉCOLE NATIONALE D'ADMINISTRATION

ANCIEN PROFESSEUR DE DROIT ADMINISTRATIF

ANCIEN SECRÉTAIRE GÉNÉRAL DE PLUSIEURS MINISTÈRES
ET DE LA PRÉFECTURE DE LA SEINE

CONSEILLER D'ÉTAT

AVOCAT A LA COUR D'APPEL

Décédé le 29 Mars 1893
dans sa 77ᵉ année

*Les honneurs civils lui ont été rendus
le 31 Mars 1893*

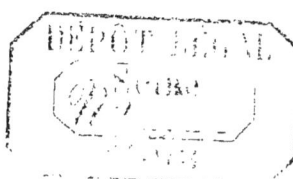

PARIS

IMPRIMERIE PAUL DUPONT

— 1893 —

Alfred BLANCHE

Parmi les anciens élèves de l'École nationale d'administration, fondée en 1848 et supprimée en 1849, qui ont tous conservé des enseignements et de la bienveillance de M. Boulatignier et de M. Alfred Blanche, dont les noms sont inséparables pour eux, le meilleur et le plus fidèle souvenir, je crois être celui qui a eu le plus d'occasions de profiter des leçons, des exemples et des encouragements de nos maîtres et dont la carrière au Conseil d'État et dans l'enseignement du droit administratif s'est le plus rapprochée de la leur. J'ai eu l'honneur d'être appelé à remplir les fonctions de chef de cabinet de M. Alfred Blanche lorsqu'il était, en 1851, secrétaire général du ministre de l'Intérieur ; j'ai commencé comme l'année suivante à écrire sous sa direction dans l' « École des communes » et bientôt après dans le premier supplément du « Dictionnaire général d'administration ». Ce sont ces débuts qui ont décidé de mon avenir. J'ai déjà dit plus d'une fois ce que je devais à mes maîtres. Je viens renouveler aujourd'hui dans des circonstances douloureuses l'hommage de ma gratitude.

Les débuts de M. Alfred Blanche ont été très brillants et ses premiers pas dans la carrière de l'administration ont été exceptionnellement rapides.

Né en 1816 à Rouen, fils d'un médecin éminent, il était dès 1837 inscrit au barreau de la cour d'appel de Paris. Mais la science du droit public et administratif l'attira immédiatement. Ses rapports avec les fondateurs de cette science, MM. de Gérando, Macarel, Cormelin, Boulatignier, lui donnèrent des occasions de travail où il fit promptement apprécier tout son mérite. Pendant deux ans il vécut dans l'intimité de M. de Tocqueville, associé à ses recherches et à ses travaux. De son côté M. de Gérando lui confiait le soin de recueillir une partie des matériaux de son grand « Traité de la Bienfaisance publique ». M. Boulatignier le faisait entrer à l' « École des communes », recueil spécialement consacré à l'étude de l'administration départementale et communale dont la législation venait d'être renouvelée et soulevait tant de de questions délicates.

C'est à M. Boulatignier qu'il appartiendrait de dire, si sa douleur lui permettait en ce moment de recueillir ses souvenirs, ce qu'a été la jeunesse de M. Alfred Blanche, son ardeur au travail, la variété de ses études et comment il s'est préparé en si peu d'années à la carrière dans laquelle il devait remporter tant de succès.

En 1845, à vingt-neuf ans, M. Alfred Blanche était déjà rédacteur en chef de l' « École des communes » et il publiait une excellente table des questions traitées dans les douze premiers volumes.

En 1846, il concourait avec M. Boulatignier à la publication de la seconde édition entièrement refondue des « Institutes du droit administratif français » que M. de Gérando, mort en 1842, avait laissée inachevée. On sait l'importance de cette œuvre de codification des lois administratives qui a fourni une base solide aux études des professeurs et des écrivains déroutés jusque-là par la difficulté de trouver les milliers de textes qu'ils avaient à discuter.

Le cinquième volume dont M. Blanche avait été chargé contenait notamment toute la législation sur l'organisation de l'administration publique, sur les départements et les communes, sur les colonies et sur la procédure administrative.

Si jeune alors que fût M. Alfred Blanche, sa réputation était déjà assez solidement assise en 1846 pour qu'il fût chargé, bien qu'il n'occupât encore aucune fonction publique, de la direction du « Dictionnaire général d'administration ». C'était une lourde tâche que celle d'entreprendre un répertoire du droit administratif à une époque où les principes établis par les maîtres de la science et par la jurisprudence du Conseil d'État étaient presque ignorés dans les écoles de droit, où les fonctionnaires supérieurs des administrations publiques suivaient, chacun de leur côté, les traditions de leur service sans les rattacher à des idées générales. Recruter des collaborateurs autorisés, assigner à chacun les limites que comportait l'importance relative du sujet qu'il avait à traiter, contrôler tous ces travaux, rédiger de nombreux articles touchant aux questions les plus variées et qui, sans exiger des développements étendus, avaient un grand intérêt pratique, telle est l'œuvre qu'accomplit M. Alfred Blanche.

C'est dans ce Dictionnaire, — nous ne pouvons pas oublier de le rappeler, — que M. Boulatignier donnait ses articles si remarquables sur « l'administration », sur « l'alignement », sur les « baux administratifs », et son magistral « Traité des conflits d'attributions ».

Le Dictionnaire fut achevé en trois ans. La dernière livraison parut en 1849.

Mais de 1846 à 1849, combien d'événements s'étaient produits dans la carrière de M. Blanche !

Il avait commencé le Dictionnaire avec la qualité d'avocat à la Cour royale de Paris ; en 1847, il était nommé inspecteur général des établissements de bienfaisance ; à la fin de la même année, auditeur au Conseil d'État; le 7 mars 1848, sous-directeur à l'administration des cultes ; le 28 février 1849, conseiller de préfecture du département de la Seine.

Depuis le 5 août 1848, il était, en outre, directeur de l'École nationale d'administration et chargé de l'enseignement du droit administratif, à côté de M. Boulatignier.

Ce n'est pas ici le lieu de raconter l'histoire de cette école aussi célèbre qu'elle a été éphémère. On sait que, d'après le décret du Gouvernement provisoire en date du 8 mars 1848, rendu sur la proposition de M. H. Carnot, ministre de l'Instruction publique, elle devait être établie sur des bases analogues à celles de l'École polytechnique et destinée au recrutement des diverses branches d'administration dépourvues jusque-là d'écoles préparatoires. On sait qu'elle a été ouverte au mois de juillet 1848, que deux promotions d'élèves y furent admises, mais que les cours furent bientôt suspendus et que, le 9 août 1849, intervint une loi qui supprimait l'institution.

On a souvent exposé les travaux des publicistes et des commissions qui, sous le gouvernement de Juillet, avaient réclamé et préparé une loi pour organiser une école d'administration; puis, les travaux parlementaires de l'Assemblée constituante et de l'Assemblée législative qui ont précédé la suppression de l'École fondée en 1848, les raisons que faisaient valoir ses défenseurs, les objections qu'opposaient leurs adversaires et qui ont prévalu jusqu'ici sous les régimes politiques les plus divers. Plusieurs tentatives ont été faites pour rétablir l'école d'administration comme institution officielle; aucune n'a pu réussir, et ces tentatives infructueuses ont rappelé, à diverses époques, l'attention sur l'essai fait en 1848. Nous n'y reviendrons pas aujourd'hui. Ceux qui voudraient étudier les détails de cette histoire et de ces polémiques pourront trouver une satisfaction complète dans les travaux de M. Charles Tranchant, ancien conseiller d'État, président de l'Association des anciens élèves de l'École (1).

Ce qu'il importe de dire ici, c'est l'éclat de l'enseignement donné par M. Boulatignier et par M. Alfred Blanche, c'est le dévouement avec lequel ils prolongèrent leurs cours lorsque ceux de l'École furent suspendus ou fermés; c'est la bienveillance inépuisable avec laquelle ils s'appliquèrent à chercher, pour les élèves

---

(1) *De la préparation aux services publics en France. Améliorations dont l'enseignement politique et administratif serait susceptible sous sa forme générale.* 1878.

Notice sommaire sur l'École nationale d'administration de 1848 et sur les projets ultérieurs d'institutions analogues. 1884.

On doit étudier aussi une brochure de M. Hippolyte Carnot, sénateur, sur l'École d'administration, publiée en 1878.

dispersés, les moyens de reconstituer la carrière qu'ils avaient espérée. C'est là ce qui a établi les liens les plus solides entre eux et les anciens élèves de l'École, dont ils ont suivi plus tard avec un vif intérêt la bonne ou la mauvaise fortune, s'affligeant de leurs revers, applaudissant à leurs succès; c'est là ce qui a inspiré à leurs disciples un inaltérable attachement.

Après la suppression de l'École, M. Alfred Blanche était rentré au Conseil de préfecture de la Seine. Il ne tarda pas à être élevé à des fonctions plus importantes. Au mois d'avril 1851, il était nommé secrétaire général du ministère de l'Intérieur. Il n'avait pas encore trente-cinq ans et il avait la charge de diriger toute l'administration départementale et communale que le ministre, absorbé par les difficultés de la politique, ne pouvait suivre de près. Mais il était bien préparé à traiter les questions les plus difficiles et les plus variées que soulevaient l'expédition des affaires de chaque jour, l'étude et la discussion des projets de règlement et des projets de loi. Les chefs de service du ministère, les préfets, étaient séduits par sa bienveillance, admiraient la vivacité de son intelligence, sa facilité de travail, s'inclinaient devant son savoir et son habileté à trouver les solutions justes. C'est là que nous avons eu l'honneur de vivre pendant six mois auprès de lui et de profiter des leçons précieuses de son expérience précoce des affaires. Au mois de novembre 1851, un changement de ministère lui fit quitter cette position.

Il rentra au Conseil d'État en 1852, comme maître des requêtes. Mais il avait pris goût à l'administration active dans laquelle il se trouvait non plus seulement en face des principes et des dossiers, mais en face des hommes qu'il savait manier. Le 10 avril 1852, il était nommé secrétaire général du ministère d'État. Ce ministère, de création nouvelle, avait dans ses attributions les rapports du Gouvernement avec les Chambres et le Conseil d'État, puis l'administration des palais nationaux et des manufactures nationales. Bientôt le service des archives nationales et celui des beaux-arts y furent également compris. En 1858, lorsque le ministère spécial de l'Algérie et des colonies fut créé et confié au prince Napoléon, c'est M. Alfred Blanche qui fut appelé à remplir les fonctions de secrétaire général du nouveau ministère destiné à faire des réformes importantes. La variété de ses connaissances et la souplesse de son esprit lui permettaient d'être toujours à la hauteur des tâches nouvelles qui lui étaient imposées. Mais, à la fin de l'année 1860, la pensée de centraliser à Paris le gouvernement de l'Algérie dans un ministère spécial fut abandonnée. M. Blanche, qui depuis le 24 juin 1857 était conseiller d'État en service ordinaire hors sections, devint conseiller d'État en service ordinaire et fut attaché d'abord à la section du commerce, de l'agriculture et des travaux publics, puis à la section du contentieux. Nous avions été heureux d'y reprendre avec lui une collaboration quotidienne.

Le souvenir de ses succès dans l'administration active l'amena, en 1865, à accepter la situation de secrétaire général de la préfecture de la Seine. Il prit alors une part active aux travaux d'assainissement et d'embellissement de Paris auxquels le nom de M. le baron Haussmann restera attaché, et à la discussion devant le Corps législatif des projets de loi relatifs à l'administration et aux finances de la Ville de Paris. Au moment où éclata la guerre de 1870, il remplissait par intérim les fonctions de préfet de la Seine et il fit les plus grands efforts pour assurer l'approvisionnement de la capitale dont le siège si long, que nul ne prévoyait à cette époque, a montré toute l'utilité.

La révolution du 4 septembre 1870 lui fit abandonner les fonctions publiques. Elle ne lui fit pas abandonner ses habitudes de travail. Pendant quelques années il rentra au barreau de la Cour d'appel de Paris. Il ne cessa pas de diriger la rédaction de « l'École des communes », où il s'appliquait à entretenir dans les administrations municipales les saines traditions de respect du droit et d'équité qu'a consacrées la jurisprudence du Conseil d'État. Après avoir publié plusieurs suppléments du « Dictionnaire général d'administration », il entreprit, avec la collaboration de M. Th. Ymbert, une refonte complète de cet ouvrage considérable qui fut terminé en 1884. Il avait été chargé en 1872 de l'enseignement du droit commercial et de la législation industrielle à l'École supérieure de commerce, aujourd'hui régie par la chambre de commerce de Paris. Au moment où la mort est venue le frapper, il travaillait encore à un grand traité « des communes » destiné au Répertoire des « Pandectes françaises ».

Tels sont les principaux traits de la longue carrière de M. Alfred Blanche.

Je sens vivement tout ce qu'il y a d'imparfait et d'incomplet dans ces quelques pages écrites à la hâte, comme pour une cérémonie funèbre. J'ai parlé surtout de la partie de la vie de M. Alfred Blanche dont j'ai été le témoin et que je connais le mieux. Il faudrait joindre d'autres témoignages au mien pour avoir une idée juste de tous ses mérites. Ceux qui l'ont aimé retrouveront du moins quelque chose de lui dans ces souvenirs, hommage de mon fidèle et respectueux attachement.

Léon AUCOC,
Membre de l'Institut.

www.ingramcontent.com/pod-product-compliance
Lightning Source LLC
Chambersburg PA
CBHW060529050426
42451CB00011B/1720